Mon voyage à Londres

Ce carnet appartient à:

_____

Dates du voyage: Du __/__/__ au __/__/__

Au moment de ce voyage j'ai: ____ ans

Qui m'accompagne: _____

Où je séjourne à Londres: _____
_____
_____

Si ce journal s'égare, merci d'appeler le: 0033_____

Mon programme & mes envies

- **Les Quartiers à visiter:**

  _____   _____
  _____   _____
  _____   _____
  _____   _____

- **Les incontournables:**

  _____   _____
  _____   _____
  _____   _____
  _____   _____

- **Restaurants & cafés où gloutonner:**

  _____   _____
  _____   _____
  _____   _____
  _____   _____

- **Les magasins à dévaliser:**

  _____   _____
  _____   _____
  _____   _____
  _____   _____

 # Mes dépenses

Day number 1:

_____
_____
_____
_____

Day number 4:

_____
_____
_____
_____

Day number 2:

_____
_____
_____
_____

Day number 5:

_____
_____
_____
_____

Day number 3:

_____
_____
_____
_____

Day number 6:

_____
_____
_____
_____

£

£ £

Today is: _____

I got up at:

My breakfast:

What's the plan?

Today was: **Fantastic** **Tiring** **Fun** **Incredible**
■ ■ ■ ■

Je suis content(e) parce que:

Vivement demain!

Le vocabulaire que j'ai appris aujourd'hui:

Une photo de ma journée

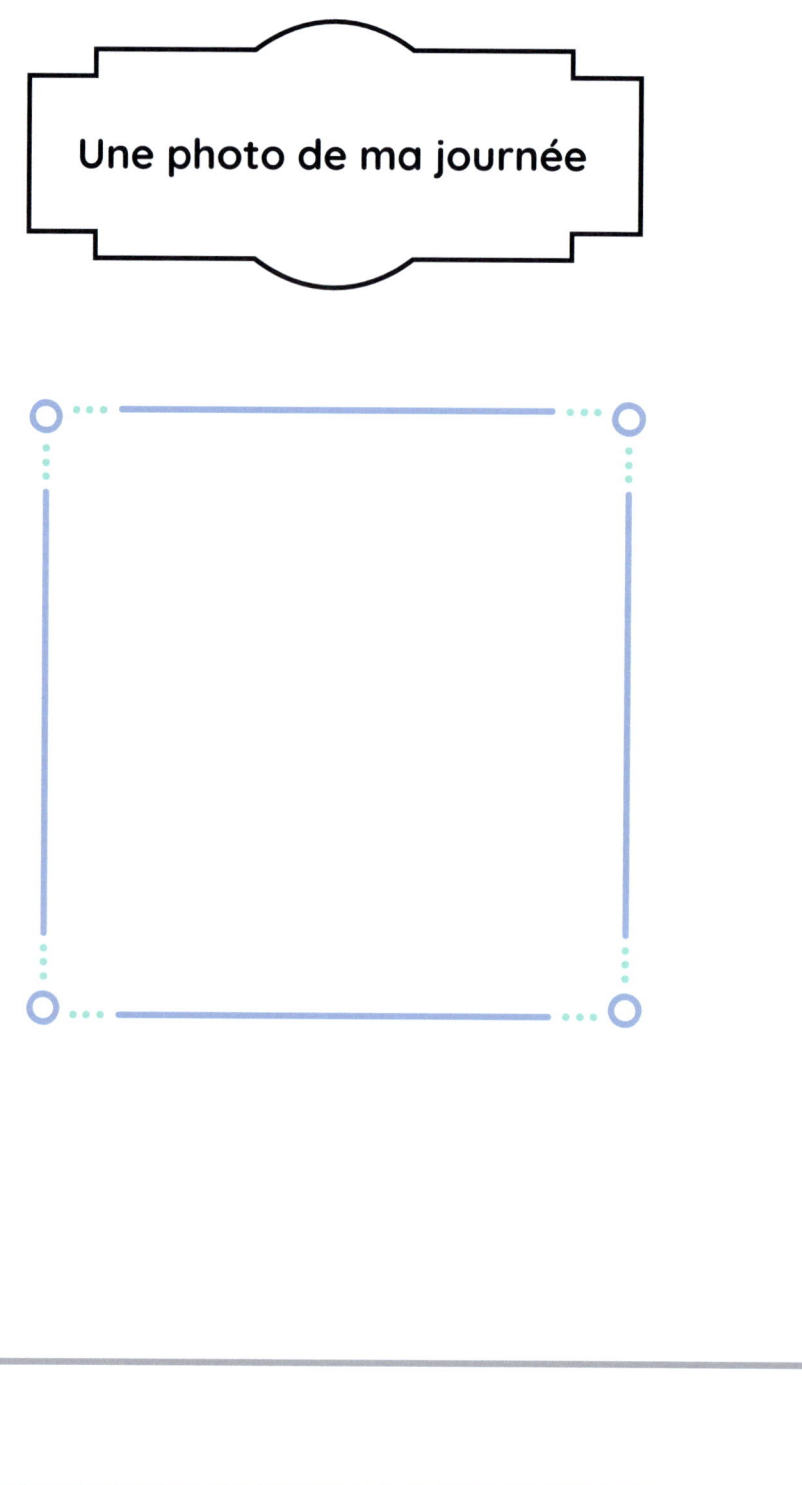

Un dessin ou un truc à coller

Today is: _____

I got up at:

My breakfast:

What's the plan?

Today was: **Fantastic** **Tiring** **Fun** **Incredible**
■ ■ ■ ■

Je suis content(e) parce que:

_____

_____

_____

_____

_____

_____

_____

_____

_____

_____

_____

_____

Vivement demain!

Le vocabulaire que j'ai appris aujourd'hui:

Une photo de ma journée

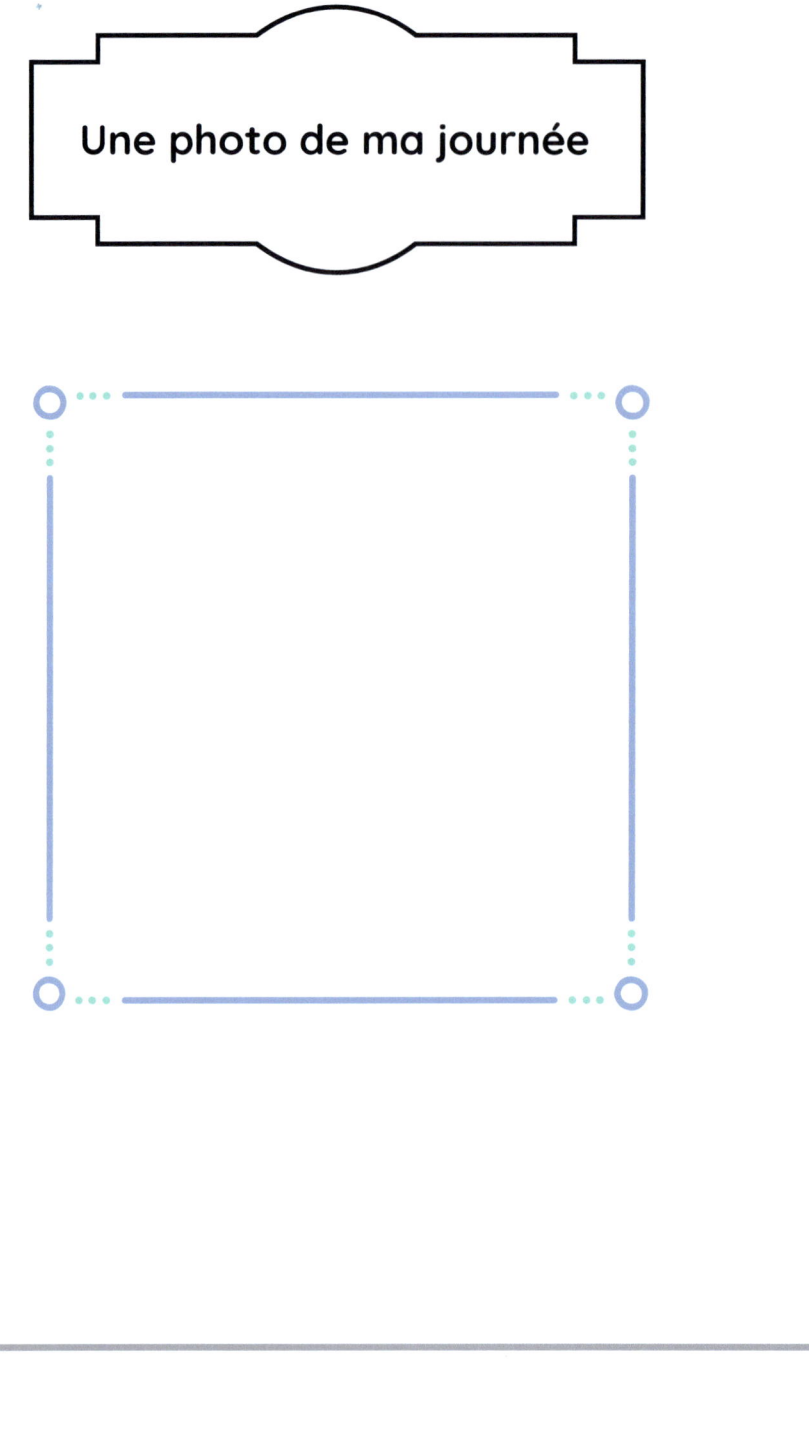

Un dessin ou un truc à coller

Today is: _____

I got up at:

My breakfast:

What's the plan?

Today was: **Fantastic** **Tiring** **Fun** **Incredible**
■ ■ ■ ■

Je suis content(e) parce que:

_____

_____

_____

_____

_____

_____

_____

_____

_____

_____

_____

Vivement demain!

Le vocabulaire que j'ai appris aujourd'hui:

Une photo de ma journée

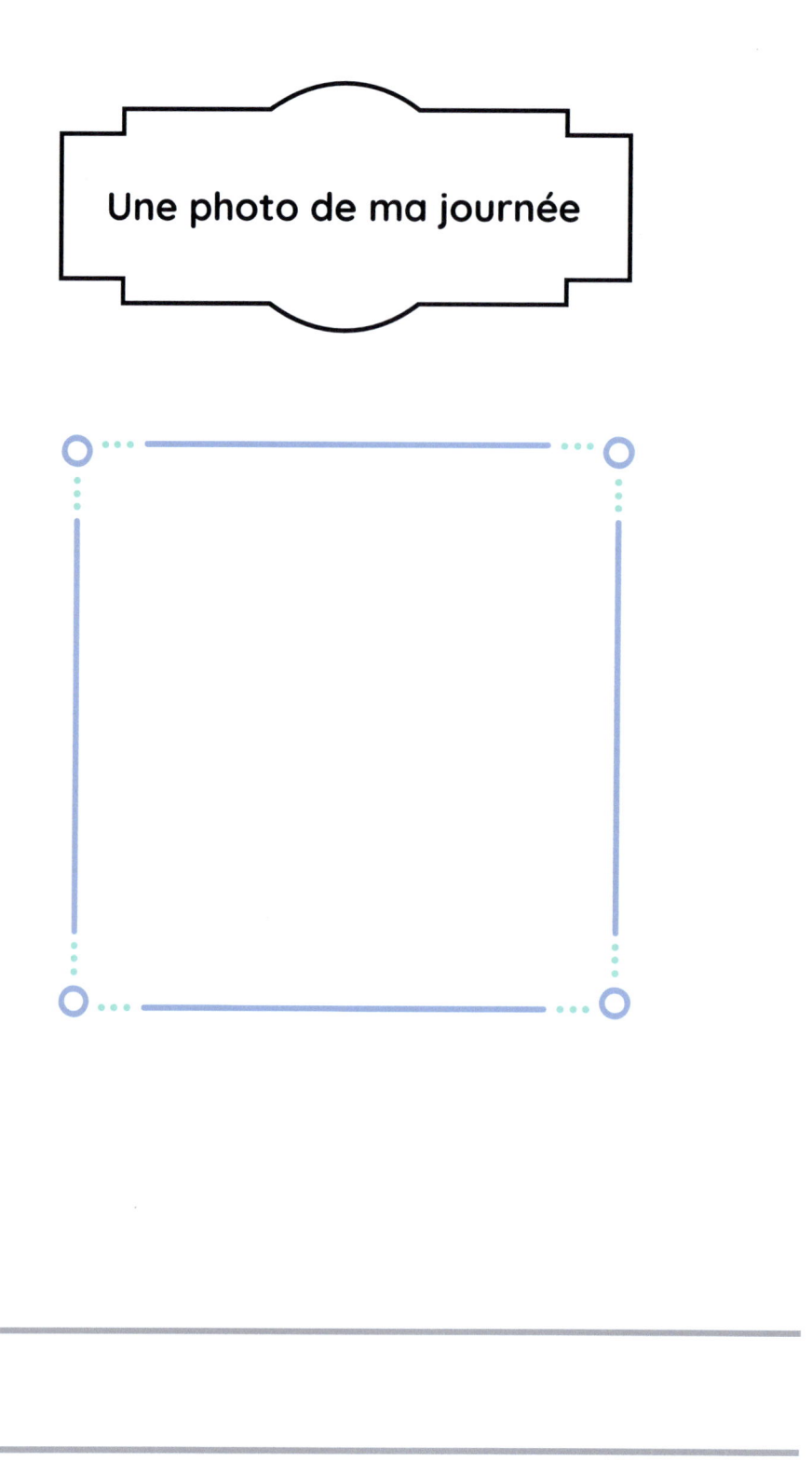

 **Un dessin ou un truc à coller**

Today is: _____

I got up at:

My breakfast:

What's the plan?

Today was: **Fantastic** **Tiring** **Fun** **Incredible**
■ ■ ■ ■

Je suis content(e) parce que:

Vivement demain!

Le vocabulaire que j'ai appris aujourd'hui:

Une photo de ma journée

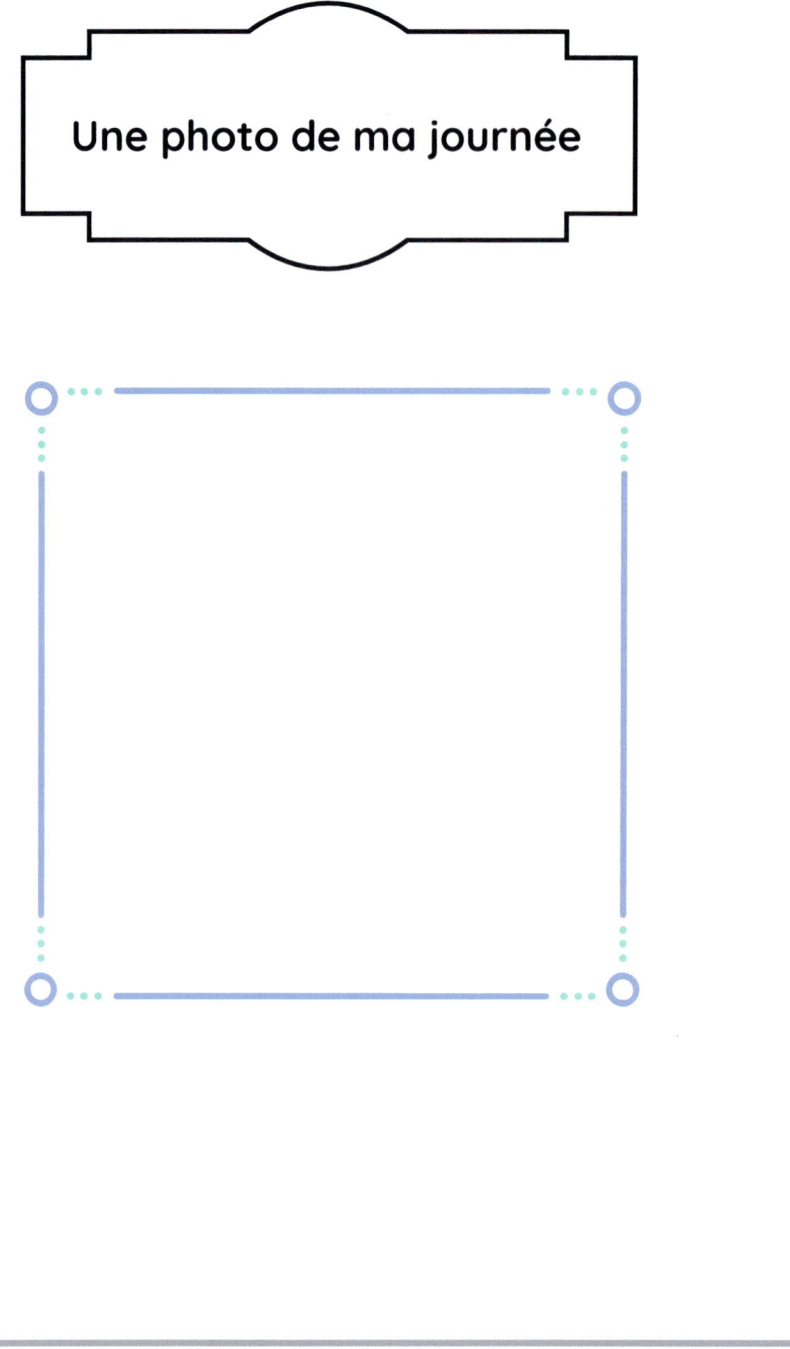

 **Un dessin ou un truc à coller**

Today is: _____

I got up at:

My breakfast:

What's the plan?

Today was: **Fantastic** **Tiring** **Fun** **Incredible**
■   ■   ■   ■

Je suis content(e) parce que:

Vivement demain!

Le vocabulaire que j'ai appris aujourd'hui:

Une photo de ma journée

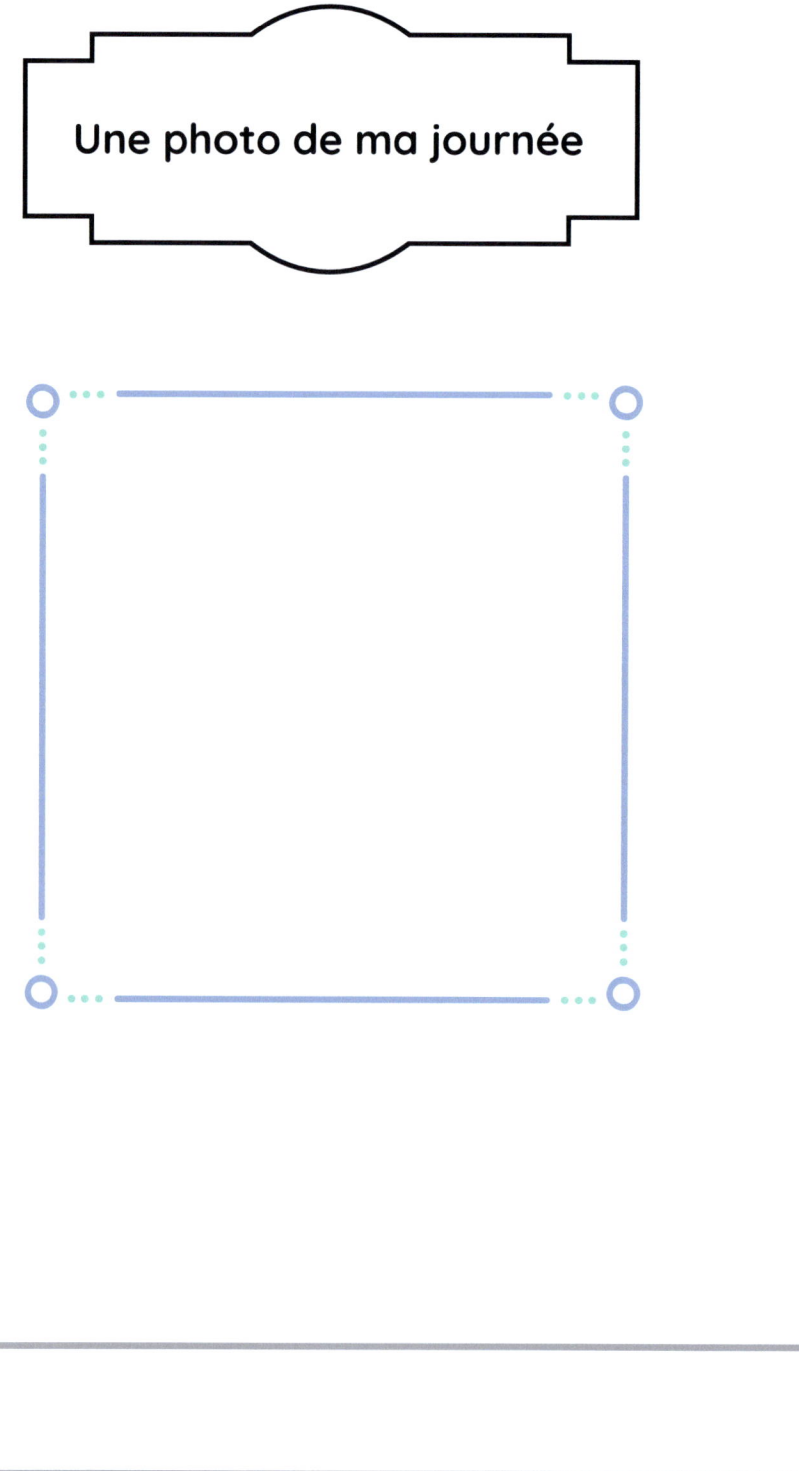

 **Un dessin ou un truc à coller**

Today is: _____

I got up at:

My breakfast:

What's the plan?

Today was: **Fantastic** ☐ **Tiring** ☐ **Fun** ☐ **Incredible** ☐

Je suis content(e) parce que:

Vivement demain!

Le vocabulaire que j'ai appris aujourd'hui:

Une photo de ma journée

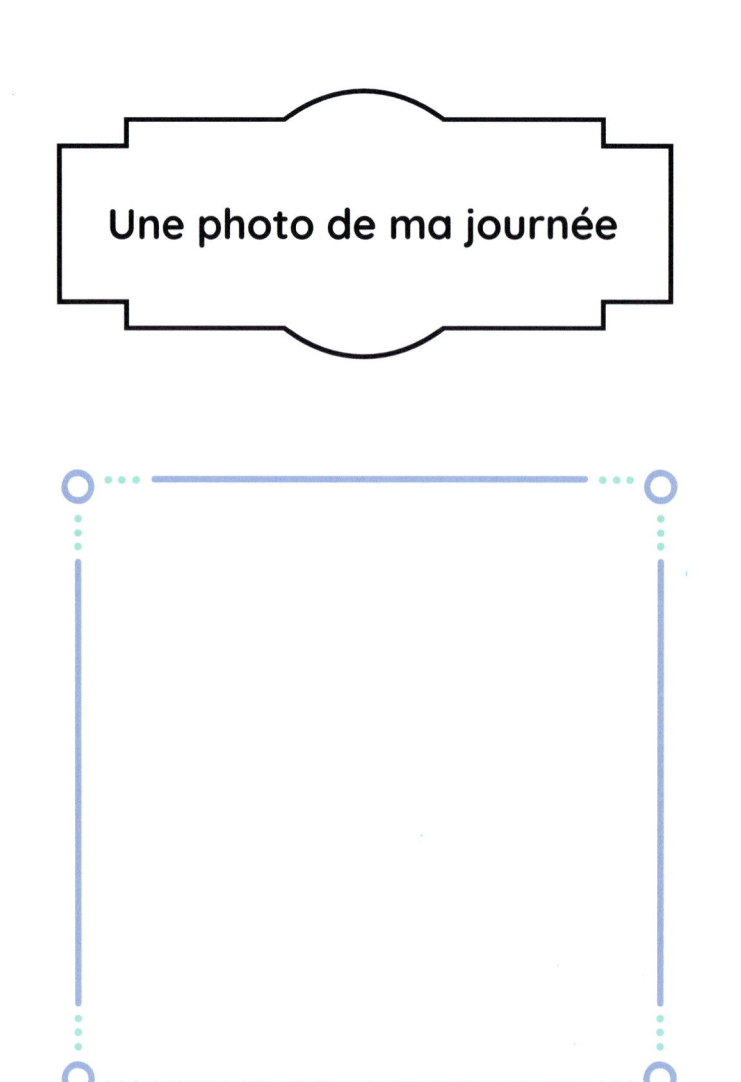

Un dessin ou un truc à coller

Ma conclusion sur ce voyage à Londres...

_____
_____
_____
_____
_____
_____
_____
_____
_____

Vivement que j'y retourne!

Printed in France by Amazon
Brétigny-sur-Orge, FR